SMOOTHIES

Obst-Power im Glas

Autorin: Tanja Dusy | Fotos: Jörn Rynio

QUALITÄTS GU GARANTIE

DIE GU-QUALITÄTS-GARANTIE

Wir möchten Ihnen mit den Informationen und Anregungen in diesem Buch das Leben erleichtern und Sie inspirieren, Neues auszuprobieren. Bei jedem unserer Bücher achten wir auf Aktualität und stellen höchste Ansprüche an Inhalt, Optik und Ausstattung. Alle Rezepte und Informationen werden von unseren Autoren gewissenhaft erstellt und von unseren Redakteuren sorgfältig ausgewählt und mehrfach geprüft. Deshalb bieten wir Ihnen eine 100 %ige Qualitätsgarantie.

Darauf können Sie sich verlassen:
Wir legen Wert darauf, dass unsere Kochbücher zuverlässig und inspirierend zugleich sind.
Wir garantieren:

- dreifach getestete Rezepte
- sicheres Gelingen durch Schritt-für-Schritt-Anleitungen und viele nützliche Tipps
- eine authentische Rezept-Fotografie

Wir möchten für Sie immer besser werden:
Sollten wir mit diesem Buch Ihre Erwartungen nicht erfüllen, lassen Sie es uns bitte wissen! Nehmen Sie einfach Kontakt zu unserem Leserservice auf. Sie erhalten von uns kostenlos einen Ratgeber zum gleichen oder ähnlichen Thema. Die Kontaktdaten unseres Leserservice finden Sie am Ende dieses Buches.

GRÄFE UND UNZER VERLAG
Der erste Ratgeberverlag – seit 1722.

KV

INHALT

TIPPS UND EXTRAS

24 DIE CREMIGEN

48 DIE AUSGEFALLENEN

Das grüne Blattsymbol weist den Weg zum tierfreien Genuss: Mit diesem Symbol gekennzeichnete Smoothies sind vegan.

SO SMOOOOTH ...

Cremig gemixt und gut gekühlt schmeckt Obst noch mal so gut. So klappt die tägliche Versorgung mit Power-Vitaminen wie von selbst!

Mal ehrlich, schaffen Sie das mit den »Fünf am Tag« immer? Die Empfehlung, fünfmal eine kleine Portion Obst oder Gemüse zu essen, ist sicherlich absolut sinnvoll, aber auch ich habe es trotz guter Vorsätze früher selten regelmäßig geschafft. Bis zu dem Tag, an dem ich mir einen Elektromixer gekauft habe: Jetzt gibt es bei uns schon zum Frühstück Früchte satt und meistens flüssig ...
Smoothies heißt das Zauberwort, abgeleitet vom englischen »smooth« für »sanft« oder »cremig«. So werden in den USA Drinks bezeichnet, die im Gegensatz zu gepressten Fruchtsäften aus frischen, vorwiegend ganzen, pürierten Früchten bestehen. Diese sanfte Fruchtwelle ist auch zu uns geschwappt. In Fruchtbars und sogar im Supermarkt gibt es die Vitamin-Powerdrinks inzwischen zu kaufen: In kleinen Flaschen sind sie immer zur Hand, als kleiner Snack in flüssiger Form, der gesund, frisch und dazu noch richtig lecker ist. Noch frischer und damit vitaminreicher und gesünder sind aber Smoothies, die man ganz einfach zu Hause selber machen kann. Dazu braucht es außer ein paar guten Rezepten nicht viel.

VIEL FRISCHES OBST

Süße, saftige, vollreife Früchte der Saison sind die erste Wahl bei Smoothies. Damit kann man sich prima auf dem Wochenmarkt eindecken und mehrere Tage hintereinander mixen. Perfekte »Smoother«, Cremigmacher, in Drinks sind vor allem Bananen, von denen man am besten immer welche in Vorrat hat. Aber auch Avocados, Mangos oder Papayas geben eine schön sämige Konsistenz. Harte Früchte (oder Gemüse, wie z. B. Äpfel, Möhren oder Rote Beten) sollte man nur in kleinen Mengen mit eventuell zusätzlich Fruchtsaft verarbeiten und sie vorab gründlich pürieren oder noch besser entsaften.

NOCH CREMIGER

Mit Speiseeis, Milch, Joghurt, anderen Milch- oder Milchersatzprodukten wie Soja-, Mandel- oder z. B.

Reismilch (die man auch häufig frei untereinander austauschen kann) werden Smoothies noch cremiger und ersetzen auch mal ein Dessert. Wer auf Früchte pur setzen möchte und es trotzdem cremig mag, braucht einfach viel Eis: Zerkleinerte Eiswürfel werden mitgemixt und der fertige Smoothie ist nicht nur schön kühl, sondern auch noch richtig cremig. Dazu einfach einige Eiswürfel vorab in einem Eiscrusher zerkleinern oder in einen Gefrierbeutel geben und mit einem Fleischklopfer oder Nudelholz zerdrücken. Sehr leistungsstarke Standmixer bekommen auch ganze Eiswürfel klein.

DIE GERÄTE

Das wichtigste Küchenequipment ist ein elektrischer Standmixer (für viele Küchenmaschinen gibt es dafür auch passende Aufsätze). Wer sich einen neuen anschaffen möchte, sollte sich möglichst gleich einen mit ausreichend Fassungsvermögen und höherer Leistung zulegen: So kann man auch für mehrere Personen mixen, und ein Gerät mit mehr Umdrehungen und höherer Wattzahl schafft auch härteres Obst oder Gemüse und dazu noch die Eiswürfel mühelos. Für die Rezepte in diesem Buch reicht ein Mixer mit bis zu 10 000 Umdrehungen und 800 – 1000 Watt zwar völlig aus, trotzdem gilt: je leistungsfähiger der Mixer, desto cremiger der Smoothie.

HOCHLEISTUNGSMIXER LOHNEN SICH

Ein weiteres Kriterium beim Kauf eines Standmixers: Das Gerät sollte absolut standsicher sein und sich nach dem Gebrauch möglichst mühelos reinigen lassen. Am besten lässt man sich im Fachhandel verschiedene Modelle zeigen und testet selbst, wie sie zerlegt und wieder zusammengesetzt werden. Wer häufiger Smoothies und Fruchtdrinks machen möchte, sollte über den Kauf eines

Hochleistungsmixers nachdenken (bis zu 30 000 Umdrehungen/Min.), mit dem sich selbst hartes Obst und Gemüse mühelos zerkleinern lässt. Großer Vorteil dieser leistungsstarken Mixer ist, dass man damit gleichzeitig auch kleinere Eiswürfel zu Crushed Ice verarbeiten kann und das Eiscrushen außerhalb des Mixers entfällt.

AUF DIE SCHICHTUNG KOMMT ES AN

Egal, für welches Gerät Sie sich entscheiden: Das verwendete Obst sollte immer in Stücke geschnitten werden und die weicheren Fruchtsorten sollten nach unten und die härteren darüber in den Mixer geschichtet werden. So wird zunächst die untere weiche Schicht ganz schnell püriert und es bildet sich automatisch ein Strudel, der die härteren Bestandteile nach unten zieht; anders herum geschichtet kann es passieren, dass der Mixer blockiert.

DIE FRUCHTIGEN

Am liebsten mixe ich quer durch den Obstgarten: kunterbunt und möglichst mit allem, was gerade Saison hat. Klar, ein paar klassische Smoothie-Exoten wie Banane, Mango und Ananas sind auch dabei. Mehr braucht es aber im Regelfall nicht. Die Kombi macht's, dann wird Obst zur superleckeren Vitaminbombe!

FRÜHLINGSERWACHEN

Nach einem langen Winter kommt dieser Drink wie gerufen: Blütenfrisch und beerensüß vertreibt er Frühjahrsmüdigkeit im Nu.

150 g Erdbeeren
je 30 g Himbeeren
Heidelbeeren und rote
Johannisbeeren (ersatzweise
TK-Beerenmischung)
50 g Sauerkirschen (ersatzweise 30 g TK-Sauerkirschen)
1 Orange
2 cm Vanilleschote
6 Eiswürfel
50 ml Holunderblütensirup
Zucker (nach Belieben)

Für die Deko:
1 Zweig Melisse
einige Erd- und Heidelbeeren
Kirschen und Johannisbeeren
Puderzucker zum Bestäuben
1 kurzes Holzspießchen

Beerig

Für 1 Glas (350 ml) |
10 Min. Zubereitung
Pro Glas ca. 345 kcal,
3 g EW, 1 g F, 76 g KH

1 Die Beeren und Kirschen vorsichtig waschen und abtropfen lassen. Kelchblätter aus den Erdbeeren zupfen, Johannisbeeren von den Stielen streifen und Kirschen entsteinen. Die Orange auspressen. Vanilleschote mit einem spitzen Messer aufschlitzen und das Mark mit dem Messerrücken herauskratzen.

2 Für die Deko Melisse waschen, trocken tupfen und die Blättchen abzupfen. Beeren und Kirsche auf das Spießchen stecken und mit einem Melisseblättchen abschließen.

3 Die Eiswürfel crushen. Beeren, Kirschen, Vanillemark, Orangensaft und Holunderblütensirup in den Mixer geben. Auf höchster Stufe fein pürieren. Einen Löffel davon probieren und eventuell noch etwas Zucker zugeben (falls die Beeren nicht richtig reif und damit nicht süß genug sind). Dann das Eis zugeben und nochmals kurz pürieren, bis ein schöner, cremiger Smoothie entstanden ist. In ein Glas gießen, das Spießchen über das Glas hängen und mit Puderzucker bestäuben.

TIPP

Mit 2 EL Vanilleeis anstelle des Holunderblütensirups wird der Smoothie noch cremiger und schmeckt als Dessert (besonders hübsch: als Kaltschale im Suppenteller mit einer Kugel Vanilleeis extra darin und ein paar aufgestreuten zerbröselten Baiserküsschen). Und wer Gäste erwartet, kann den Smoothie auch als feinen Aperitif servieren. Einfach etwas davon in Sektgläser geben und mit Sekt oder Prosecco aufgießen (vorsichtig umrühren).

ROTE VITAMINBOMBE

Wenn die Grippewelle rollt, mobilisiert der Powerdrink die Abwehrkräfte und schmeckt dazu noch umwerfend gut.

300 g Ananas
80 g Rote Bete
1 Apfel
1 Orange
50 ml Möhrensaft
1 Stück frischer Ingwer (ca. 3 cm)
1 TL Rapsöl

Kickstart in den Tag

Für 1 Glas (350 ml) | 10 Min. Zubereitung
Pro Glas ca. 410 kcal, 6 g EW, 7 g F, 78 g KH

1 Die Ananas schälen und den harten Strunk herausschneiden. Die Augen großzügig entfernen. Das Fruchtfleisch in Stücke schneiden. Rote Bete schälen (dazu Gummihandschuhe tragen, sie färben; Bio-Rote-Beten müssen übrigens nicht geschält werden) und in grobe Stücke schneiden. Apfel waschen und vierteln, Orange auspressen. Ingwer schälen.

2 Apfelviertel und Rote Bete mit Möhren- und Orangensaft fein pürieren, dann Ananas und Ingwer zugeben und nochmals kräftig mixen. In ein Glas gießen, das Öl über den fertigen Drink träufeln und vor dem Trinken unterrühren.

TIPP

Möhren enthalten reichlich Beta-Carotin, das für Augen, Haut und Haare gut ist. In Rote Beten steckt neben Folsäure auch viel Vitamin A. Um das leichter aufnehmen zu können, braucht unser Körper Vitamin C: Apfel, Orange und Ananas sind also ideale Partner! Wer einen Entsafter hat, verwendet statt des Safts 150 g grob zerkleinerte Bio-Möhren. Alle Früchte und Gemüse samt Ingwer portionsweise entsaften, etwas Rapsöl einrühren und in ein Glas gießen.

VARIANTE APFEL-MÖHREN-SAFT

Fast schon ein Klassiker aus der Saftbar: Apfel-Möhren-Saft mit Ingwer. Für ein Glas mit ca. 250 ml Inhalt einfach 500 g Möhren schälen und in Stücke schneiden. 1 süß-säuerlichen Apfel waschen und vierteln. Je nach gewünschter Schärfe 2–4 cm frischen Ingwer schälen. Möhren, Äpfel und Ingwer im Entsafter entsaften, in ein Glas gießen und ein paar Tropfen Rapsöl darüberträufeln.

ANANAS-KIWI-SMOOTHIE

200 g Ananas (siehe Tipp) | 1 grüne oder gelbe Kiwi | 1 kleine Banane | 4 Eiswürfel | 1 EL frisch gepresster Limettensaft

Süß-säuerlich

Für 1 Glas (350 ml) | 10 Min. Zubereitung
Pro Glas ca. 230 kcal, 3 g EW, 1 g F, 48 g KH

1 Die Ananas mit einem scharfen Messer schälen und den harten Strunk herausschneiden. Die Augen großzügig entfernen. Kiwi und Banane schälen. Alle Früchte in Stücke schneiden.

2 Die Eiswürfel crushen. Die Fruchtwürfel mit dem Limettensaft in den Mixer geben und mixen, bis ein gleichmäßiger Fruchtbrei entstanden ist. Eis zugeben und nochmals so lange mixen, bis der Smoothie schön cremig ist. In ein Glas gießen und frisch genießen.

TIPP

Wer keine Ananasreste im Kühlschrank haben möchte, nimmt eine Babyananas – die sind meist auch besonders aromatisch.

PFIRSICH-MANGO-SMOOTHIE

150 g reife Mango | 1 großer gelber Pfirsich | ½ Banane | 6 Eiswürfel | 2 EL frisch gepresster Limettensaft | 1–2 Orangenkekse (nach Belieben)

Schmelzender Sommerdrink

Für 1 Glas (350 ml) | 10 Min. Zubereitung
Pro Glas ca. 340 kcal, 7 g EW, 3 g F, 67 g KH

1 Die Mango schälen, das Fruchtfleisch mit einem scharfen Messer vom Stein schneiden und grob würfeln. Den Pfirsich waschen, trocken reiben, halbieren und entsteinen. Das Fruchtfleisch grob würfeln. Die Banane in Stücke schneiden.

2 Die Eiswürfel crushen. Mango, Pfirsich, Banane und Limettensaft in den Mixer geben und fein pürieren. Eis zugeben und nochmals so lange mixen, bis ein cremiger Smoothie entstanden ist. In ein Glas gießen, nach Belieben Kekse darüberbröseln und frisch genießen.

ANANAS-ERDBEER-SMOOTHIE

250 g Ananas | 120 g vollreife Erdbeeren | ½ Orange | 3 Eiswürfel | 50 ml Maracujanektar | 1 TL Blütenhonig

Süß-säuerlich

Für 1 Glas (350 ml) | 10 Min. Zubereitung
Pro Glas ca. 245 kcal, 3 g EW, 1 g F, 53 g KH

1 Die Ananas schälen und den harten Strunk herausschneiden. Die Augen großzügig entfernen. Das Fruchtfleisch in Stücke schneiden. Erdbeeren waschen, die Kelchblätter abzupfen und die Beeren grob zerschneiden. Orange auspressen.

2 Die Eiswürfel crushen. Ananas, Erdbeeren, Orangensaft mit Maracujanektar und Honig in den Mixer geben und auf höchster Stufe pürieren, dann das Eis zugeben und mixen, bis ein cremiger Drink entstanden ist. In ein Glas gießen und genießen.

VARIANTE MIT ALKOHOL

Für einen Fruchtcocktail mische ich einfach zusätzlich 5 cl Orangenlikör unter den Smoothie.

KAKI-MÖHREN-SMOOTHIE

1 sehr reife Kaki (oder Sharon; siehe Tipp) | 1 Banane | ½ Orange | 4 Eiswürfel | 1 EL Zitronensaft | 100 ml Möhrensaft (am besten frisch gepresst) | 1 EL Blütenhonig

Honigfein

Für 1 Glas (350 ml) | 10 Min. Zubereitung
Pro Glas ca. 245 kcal, 3 g EW, 1 g F, 53 g KH

1 Kaki waschen und vierteln, dabei den Stielansatz herausschneiden. Das Fruchtfleisch mit einem Löffel aus der Schale schaben. Banane schälen und in Stücke schneiden. Orange auspressen.

2 Die Eiswürfel crushen. Kaki, Banane, Orangen-, Zitronen- und Möhrensaft mit Honig in den Mixer geben und fein pürieren. Eis zugeben, nochmals kräftig durchmixen, dann in ein Glas füllen.

TIPP

Richtig gut schmecken Kakis erst in vollreifem Zustand (Hauptsaison: Oktober bis Dezember), wenn sie schön weich sind. Harte Früchte in Zeitungspapier wickeln und nachreifen lassen.

GRASHOPPER MIT MELONE

250 g Galia-Melone | ½ grüner Apfel (z. B. Granny Smith) | 1 EL frisch gepresster Limettensaft | 6 kernlose grüne Trauben (ca. 50 g) | 1 Kiwi | 2 EL Zitronensorbet

Super erfrischend

Für 1 Glas (350 ml) | 10 Min. Zubereitung
Pro Glas ca. 175 kcal, 2 g EW, 1 g F, 37 g KH

1 Mit einem Teelöffel die Kerne aus der Melone schaben. Das Fruchtfleisch mit einem scharfen Messer erst von der Schale und dann in grobe Stücke schneiden. Apfel waschen. Für die Deko davon eine dünne Scheibe abschneiden und beidseitig mit wenig Limettensaft bepinseln. Den restlichen Apfel in Stücke schneiden, dabei das Kerngehäuse entfernen.

2 Die Trauben waschen und von den Stielen zupfen. Kiwi schälen und in Stücke schneiden. Melone, Apfel, übrigen Limettensaft, Trauben und Kiwi in den Mixer geben und zu einem dickflüssigen Brei pürieren. Das Sorbet zugeben und so lange weitermixen, bis ein cremiger Smoothie entstanden ist.

3 Den Smoothie in ein Glas gießen. Die beiseitegelegte Apfelscheibe von unten bis zur Hälfte einschneiden und auf den Glasrand stecken.

TIPP

Anstelle der Galia-Melone mit ihrem hellgrünen Fruchtfleisch können Sie auch Zuckermelonen verwenden, deren Fruchtfleisch ebenfalls hellgelb bis grünlich ist. Auch geschmacklich ähneln sie sich.

ANAVOKANILLA MIT VANILLEEIS

280 g Ananas | ½ reife Avocado (z. B. Hass) | 1 Orange | 12 Himbeeren | 3 EL frisch gepresster Limettensaft | 4 Eiswürfel | 1 EL Vanilleeis

Sehr cremig

Für 1 Glas (350 ml) | 15 Min. Zubereitung
Pro Glas ca. 380 kcal, 4 g EW, 14 g F, 52 g KH

1 Die Ananas schälen, halbieren und den harten Strunk keilförmig herausschneiden. Die Augen großzügig entfernen. Das Fruchtfleisch in Stücke schneiden. Avocado mit einem Löffel aus der Schale schaben, dabei den Kern entfernen. Die Orange halbieren und auspressen.

2 Die Himbeeren vorsichtig waschen, verlesen und trocken tupfen. Mit 1 EL Limettensaft in ein Schälchen geben und mit einer Gabel so fein wie möglich zermusen. Wer keine Kernchen im Smoothie möchte, kann das Mus anschließend noch durch ein feines Sieb streichen.

3 Eiswürfel crushen. Ananas, Avocado, Orangen- und übrigen Limettensaft mit dem Vanilleeis in den Mixer geben und auf höchster Stufe fein pürieren. Dann das Eis zugeben und alles nochmals cremig aufmixen. Den Smoothie in ein Glas gießen, mit dem Himbeermark beträufeln und nach Wunsch spiralförmig in den Drink einrühren. Mit einem Trinkhalm servieren.

TIPP

Wer kein Vanilleeis mag, kann auch Limettensorbet verwenden, dann allerdings 2 EL davon mit den übrigen Zutaten mixen. Und wer es ganz pur möchte, lässt Eis oder Sorbet weg und gibt den Saft einer weiteren Orange dazu.

TROPICAL SMOOTHIE

1 Stängel Zitronengras | 100 g reife Papaya | 250 g Charentais-Melone (geputzt ca. 120 g; siehe Info) | 100 g reife Mango | ½ Banane | ½ Orange | ½ Limette | 5 Eiswürfel

Zitronig-frisch

Für 1 Glas (350 ml) | 10 Min. Zubereitung
Pro Glas ca. 220 kcal, 3 g EW, 2 g F, 40 g KH

1 Vom Zitronengras die äußeren, unschönen Blätter sowie den oberen Teil und den knotigen Strunk entfernen – es werden nur die unteren 10 cm benötigt. Dieses Stück mit einem scharfen Messer längs in möglichst schmale Streifen schneiden und danach quer in ganz feine Stückchen hacken.

2 Papaya und Melone schälen, entkernen und das Fruchtfleisch in Stücke schneiden. Die Mango schälen, mit einem scharfen Messer vom Stein schneiden und grob würfeln. Die Banane schälen. Alles in grobe Stücke schneiden. Orange und Limette auspressen.

3 Die Eiswürfel crushen. Das gesamte Obst, das Zitronengras sowie Limetten- und Orangensaft in den Mixer geben. Alles mixen, bis eine homogene Masse entstanden ist. Dann das Eis zugeben und nochmals kurz durchmixen, bis der Smoothie schön cremig ist. Alles in ein Glas füllen und sofort servieren und genießen.

INFO

Charentais-Melonen sind grün gestreift und haben orangefarbenes Fruchtfleisch. Sie lassen sich durch die ebenfalls orangen Cantaloupe-Melonen mit netzartig strukturierter, grünlicher Schale ersetzen. Die Galia-Melone ist gelblicher und besitzt helles, gelb-grünliches Fruchtfleisch. Geschmacklich ähnelt sie den länglichen gelben Honigmelonen.

HOLLER-BIRNEN-SMOOTHIE

1 große Birne (ca. 150 g; z. B. Abate Fetel) | 80 g kernlose rote Trauben | 1 TL Zitronensaft | 3 Eiswürfel | 1 Msp. gemahlene Gewürznelken | 2 Msp. gemahlener Sternanis | 60 ml Holunderbeerensaft | 1 Sternausstecher

Perfekter Wintersmoothie

Für 1 Glas (350 ml) | 10 Min. Zubereitung
Pro Glas ca. 220 kcal, 2 g EW, 0 g F, 48 g KH

1 Die Birne waschen, längs halbieren, das Kerngehäuse herausschneiden und 1 Birnenhälfte in grobe Stücke schneiden. Die Trauben waschen und von den Stielen zupfen.

2 Für die Deko die übrige Birnenhälfte in dickere Scheiben schneiden. Mit einem Sternausstecher Sterne aus den Obstscheiben ausstechen. Die ausgestochenen Sterne mit Zitronensaft mischen, damit sie nicht braun werden (das übrige Fruchtfleisch wandert in den Smoothie).

3 Eiswürfel crushen. Birne, Trauben, Nelken, Sternanis und Holunderbeerensaft in den Mixer geben und alles auf höchster Stufe fein pürieren. Eis zugeben und weiter mixen, bis ein cremiger Smoothie entstanden ist. In ein Glas gießen, Birnenstern an den Rand stecken und servieren.

TIPP

Holunderbeerensaft wird mehr oder weniger gesüßt angeboten. Manche Hersteller geben sogar Honig und Gewürze dazu. Je nach Süße des Saftes und gegebenenfalls auch der Birne und Trauben, süße ich zusätzlich mit Honig.

SULTANS DELIGHT

Mein letzter Istanbultrip inspirierte mich zu diesem Mix: Dort gibt es an jeder Straßenecke frisch gepressten Granatapfelsaft – einfach köstlich!

1 Granatapfel
1 Saftorange
75 g grüne kernlose Trauben
½ Banane
je 40 g Heidelbeeren und Brombeeren (ersatzweise 80 g TK-Beerenmischung)
3 Eiswürfel
2 EL Orangenblütenwasser

Türkischer Genuss

Für 1 Glas (350 ml) | 15 Min. Zubereitung
Pro Glas ca. 240 kcal, 4 g EW, 2 g F, 50 g KH

1 Den Stielansatz vom Granatapfel keilförmig als kleinen »Deckel« herausschneiden (Bild 1). Dann den Apfel an der Öffnung mit beiden Händen packen und in zwei Hälften brechen (Bild 2). Die Haut von beiden Hälften wie bei einer Orange abschälen und die Kerne soweit nötig aus den Trennhäuten lösen. Die Orange schälen, die Trauben von den Stielen zupfen, waschen und zusammen mit der Orange und den Granatapfelkernen im Entsafter entsaften.

2 Wer keinen Entsafter besitzt, schneidet den Granatapfel quer durch und presst ihn langsam und vorsichtig auf einer Saftpresse aus (Bild 3). Achtung: das spritzt sehr und der Saft kann Flecken auf Textilien und Arbeitsplatten hinterlassen, daher sofort abwischen. Die Orange halbieren und ebenfalls auspressen. Die Trauben waschen und von den Stielen zupfen.

3 Banane schälen, Beeren verlesen und vorsichtig waschen. Die Eiswürfel crushen. Banane, Beeren, ausgepressten Saft, eventuell noch ganze Trauben, Orangenblütenwasser und Eis in den Mixer geben und pürieren, bis eine homogene Mischung entstanden ist. Den fertigen Smoothie in ein Glas füllen und servieren.

VARIANTE

QUICK DELIGHT
Für einen erfrischenden Drink presse ich 2 Granatäpfel und 3 Orangen aus und parfümiere den Saft mit 1 – 2 EL Orangenblütenwasser. Wem der Drink so zu süß ist, kann noch etwas Limetten- oder Grapefruitsaft zugeben.

1

2

3

CITRONELLO SOUR

1 rosa Bio-Grapefruit | ½ Orange | ½ Zitrone | ½ Limette | 80 g kernlose grüne Trauben | 1 kleine Banane | 3 Eiswürfel | 1 EL Zitronensorbet

Vitamin-C-Bombe

Für 1 Glas (350 ml) | 10 Min. Zubereitung
Pro Glas ca. 250 kcal, 4 g EW, 2 g F, 51 g KH

1 Die Grapefruit waschen, abtrocknen, mit einem Messer oben ansetzen und die Schale rundum bis knapp zur Hälfte der Frucht dünn, spiralförmig abziehen. Die Schalenspirale beiseitelegen.

2 Anschließend die Grapefruit halbieren und den Saft auspressen. Orange, Zitrone und Limette ebenfalls auspressen. Trauben waschen und von den Stielen zupfen. Banane schälen und in Stücke schneiden.

3 Die Eiswürfel crushen. Alle Zitrussäfte, Trauben, Banane und Zitronensorbet in den Mixer geben und auf höchster Stufe zu einer homogenen Flüssigkeit mixen. Eis zugeben und nochmals kurz durchmixen. Smoothie in ein Glas gießen, die Grapefruitschalenspirale an den Rand hängen und den Drink sofort servieren.

TIPP

Das besondere an diesem Smoothie ist das leichte Bitteraroma der Grapefruit. Wer diese Note intensivieren möchte, kann auch eine gelbe Grapefruit verwenden. Ebenfalls fein und weniger sauer: eine Sweetie. Diese Grapefruitkreuzung ist viel süßer als ihre Verwandten.

WHITE DRAGON

1 Pitahaya (Drachenfrucht; ca. 400 g; siehe Tipp) | 100 g kernlose grüne Trauben | 4 Blätter Pfefferminze | 1 EL Zitronensorbet | 1 EL frisch gepresster Limettensaft | 75 ml Bitter Lemon Limonade (nach Belieben)

Exotisch

Für 1 Glas (350 ml) | 10 Min. Zubereitung
Pro Glas ca. 255 kcal, 1 g EW, 1 g F, 61 g KH

1 Die Pitahaya quer halbieren. Für die Deko eine nicht zu dicke Scheibe aus der Mitte herausschneiden und beiseitelegen. Die beiden Fruchthälften schälen (dazu die Schale mit einem spitzen Messer längs zwei- bis dreimal einritzen, dann die dicke pinkfarbene Haut abziehen). Das geschälte Fruchtfleisch in Stücke schneiden.

2 Die Trauben waschen und abzupfen. Minzeblättchen waschen und in Streifen schneiden. Beides mit dem Sorbet und dem Limettensaft in den Mixer geben und gründlich pürieren. Dann das Pitahayafruchtfleisch zugeben und nur so lange mixen, bis alles cremig ist (nicht zu lange, damit die schwarzen Fruchtkörner ganz bleiben).

3 In ein Glas gießen und nach Belieben noch mit Bitter Lemon aufgießen. Die Pitahayascheibe bis zur Mitte einschneiden und als Deko an den Rand stecken. Mit einem Strohhalm servieren.

TIPP

Pitahayas (Drachenfrüchte) gibt es meist mit weißem, aber auch mit pinkfarbenem Fruchtfleisch. Diese Sorte ist seltener zu bekommen, geht aber genauso gut. Anstelle von Trauben schmecken auch 100 g entsteinte Sauerkirschen sehr gut.

PINK MELIBERRY

150 g Zucker- oder Galia-Melone | ¼ Apfel (z. B. Elstar) | ½ Banane | ½ Grapefruit | 50 g Erdbeeren | je 25 g Heidel- und Himbeeren (ersatzweise 100 g TK-Beerenmischung) | 3 Eiswürfel | 1 TL Agavensirup

Melone trifft Beeren

Für 1 Glas (350 ml) | 10 Min. Zubereitung
Pro Glas ca. 290 kcal, 3 g EW, 2 g F, 64 g KH

1 Die Melone mit einem Teelöffel entkernen, das Fruchtfleisch von der Schale schneiden und würfeln. Apfel waschen, das Kerngehäuse entfernen und das Fruchtfleisch klein zerschneiden. Banane in Stücke schneiden. Grapefruit auspressen.

2 Beeren vorsichtig waschen, sorgfältig abtupfen. Kelchblätter von den Erdbeeren entfernen, die Beeren eventuell in Stücke schneiden. Bei Verwendung von TK-Beeren diese nur kurz antauen lassen, bevor sie zu den übrigen Zutaten kommen.

3 Die Eiswürfel crushen. Melone, Apfel, Banane, Beeren, Grapefruitsaft und Agavensirup zusammen in den Mixer geben und alles auf höchster Stufe fein pürieren. Das Eis zugeben und nochmals kurz pürieren. Den Smoothie in ein Glas gießen und mit Trinkhalm servieren.

TIPP

Übrigens: Wer TK-Früchte nimmt, kann bei diesem Drink ganz auf die Eiswürfel verzichten; einfach die nur ganz leicht angetauten Früchte direkt mit den übrigen Zutaten mitmixen.

VARIANTE MIT ALKOHOL

Wer möchte, kann die Heidelbeeren auch durch schwarze Johannisbeeren ersetzen und zusätzlich noch 4 cl Wodka und 3 cl Cassis (schwarzer Johannisbeerlikör) mitpürieren. Und wer eine herbe Note liebt, kann zusätzlich die klein gehackten Blättchen von einem kleinem Zweiglein Zitronenthymian unter den Drink mixen – egal, ob mit oder ohne Alkohol!

MELONEN-PFIRSICH-SMOOTHIE

300 g Charentais-Melone (geputzt ca. 150 g) | 3 reife Weinbergpfirsiche | 50 g kernlose grüne Trauben | 3 Blätter Zitronenverbene (ersatzweise 4 Blätter Zitronenmelisse) | 5 Eiswürfel | 1 Spritzer Zitronensaft

Sommerlich erfrischend

Für 1 Glas (350 ml) | 10 Min. Zubereitung
Pro Glas ca. 130 kcal, 3 g EW, 0 g F, 29 g KH

1 Die Melone mit einem Teelöffel entkernen, das Fruchtfleisch von der Schale schneiden. Pfirsiche waschen, halbieren, entsteinen, nach Belieben häuten (siehe Tipp S. 29) und in Stücke schneiden. Die Trauben waschen. Melisse oder Verbene waschen und in Streifen schneiden.

2 Die Eiswürfel crushen. Melonenfruchtfleisch, Pfirsiche, Trauben und Zitronensaft in den Mixer geben und gründlich pürieren. Dann das Eis und die Melisse oder Verbene zugeben und alles noch einmal kräftig durchmixen. Den fertigen Smoothie vorsichtig in ein Glas gießen, mit Trinkhalm servieren und sofort genießen.

APRIKOSEN-SMOOTHIE

5 reife, süße Aprikosen | 70 g Schwarze Johannisbeeren | 5 Eiswürfel | 150 ml Apfelsaft | 1–2 EL Agavensirup (nach Belieben)

Angenehm säuerlich

Für 1 Glas (350 ml) | 10 Min. Zubereitung
Pro Glas ca. 520 kcal, 1 g EW, 0 g F, 123 g KH

1 Die Aprikosen waschen, halbieren, entsteinen und die Hälften in grobe Stücke schneiden. Die Johannisbeeren waschen und mit einer Gabel von den Rispen streifen.

2 Die Eiswürfel crushen. Aprikosen, Johannisbeeren und Apfelsaft in den Mixer geben und alles auf höchster Stufe gründlich pürieren. Je nach Geschmack mit Agavensirup süßen, das Eis zugeben und alles nochmals kräftig durchmixen. In ein Glas gießen und mit Trinkhalm servieren.

VARIANTE MIT ALKOHOL

Zusätzlich noch 5 cl Wodka und 4 cl Apricot Brandy mitpürieren und auf jeden Fall mit Agavensirup süßen.

BEERENOBST

DIE CREMIGEN

Smooth, smoother, Smoothies! Hier befindet sich Obst in allerbester Gesellschaft. Mit Milchprodukten, Eis oder Sojamilch werden die Fruchtdrinks noch cremiger. Sie schmecken nicht nur toll, sondern ersetzen auch einmal Frühstück oder einen Imbiss – genau das Richtige, wenn es draußen heiß ist!

FRÜHSTÜCKSSMOOTHIE

Jeden Morgen ein Müsli ist mir zu langweilig. Schneller und erfrischender ist dieser Smoothie, der richtig schön satt macht.

4 saftige, getrocknete (Medjol-)Datteln
½ große Birne (z. B. Abate Fetel oder Williams Christ)
1 kleiner süßer Apfel (z. B. Cox Orange)
5 Haselnüsse
4 Eiswürfel
2 EL gemischte Getreideflocken (oder Müslimischung)
1 Msp. Zimtpulver
125 ml Milch
Für die Deko:
3 Haselnüsse

Müsli in neuer Form

Für 1 Glas (350 ml) | 10 Min. Zubereitung
Pro Glas ca. 475 kcal, 11 g EW, 22 g F, 32 g KH

1 Die Datteln längs aufschlitzen, den Kern entfernen und das Fruchtfleisch in Stücke schneiden. Birne waschen, längs halbieren, Kerngehäuse entfernen und das Fruchtfleisch in Stücke schneiden. Apfel vierteln, Kerngehäuse herausschneiden und die Apfelviertel in Stücke schneiden. Für die Deko die Haselnüsse mit einem großen Messer grob hacken.

2 Die Eiswürfel crushen. Erst Birne, dann Datteln, Apfel und ganze Haselnüsse in den Mixer geben. Müsli und Zimtpulver darüberstreuen und die Milch dazugießen. Alles auf höchster Stufe cremig pürieren. Eis zugeben und nochmal so lange pürieren, bis ein cremiger Smoothie entstanden ist. In ein Glas gießen und mit gehackten Haselnüssen bestreuen.

VARIANTE PFLAUMEN-BANANEN-SMOOTHIE

Für einen Pflaumen-Bananen-Smoothie 5 getrocknete Soft-Pflaumen ohne Stein und den Saft von 1 Orange in einem Topf aufkochen, abkühlen und über Nacht durchziehen lassen. Die abgekühlten Früchte klein schneiden und samt Orangensaft mit 1 Banane, 3 klein geschnittenen Zwetschgen und 150 ml kalten Kefir in den Mixer geben. 3 Msp. Zimtpulver, 1 Msp. Nelkenpulver und 1 EL Zitronensaft zugeben und kräftig pürieren. Anschließend 6 gecrushte Eiswürfel und 1 ½ EL Knuspermüsli zugeben und alles zu einem cremigen Smoothie mixen.

BEERENWÖLKCHEN

80 g Erdbeeren | je 25 g Himbeeren und rote Johannisbeeren | 5 Baiserküsschen (ca. 8 g) | 2 Eiswürfel | 120 ml Milch | 2 EL Mascarpone | 1 Päckchen Vanillezucker | 1 schöne Erdbeere | 1 Zweigchen Minze

Mit Knusper

Für 1 Glas (350 ml) | 10 Min. Zubereitung
Pro Glas ca. 305 kcal, 6 g EW, 14 g F, 37 g KH

1 Die Beeren waschen und vorsichtig trocken tupfen. Kelchblätter von den Erdbeeren entfernen. Die Johannisbeeren mit einer Gabel von den Rispen streifen. Die Baiserküsschen mit den Fingern in nicht zu kleine Brösel brechen oder mit dem Nudelholz leicht zerdrücken.

2 Die Eiswürfel crushen. Die Beeren mit Milch, Mascarpone und Vanillezucker in den Mixer geben und cremig pürieren. Eis zugeben und alles noch mal kräftig mixen, bis der Drink schön cremig und homogen ist. Den Smoothie in ein Glas füllen und die Baiserbrösel vorsichtig unterziehen, ein paar davon zurückbehalten und obenauf streuen.

3 Für die Deko die Erdbeere waschen und von unten her mittig ein-, aber nicht ganz durchschneiden und so auf den Glasrand stecken. Minze waschen, trocken schütteln und in den Drink stecken.

TIPP

Beim Kindergeburtstag ist dieser Shake der absolute Hit. Ich gebe dann zuerst einen schönen Klecks Sahne darauf und streue anschließend gemischte rosa und weiße Baiserbrösel auf. Ganz aus dem Häuschen sind die Kleinen, wenn dann auch noch kleine rosa Marshmallows dazukommen!

SÜSSES MANDELINCHEN

1 gelber Pfirsich | 3 Aprikosen | 3 Mirabellen | 40 g Marzipanrohmasse | 100 ml Milch | 5 Eiswürfel | 6 Amarettini (ital. Mandelmakronen)

Mandelfein

Für 2 Gläser (500 ml) | 15 Min. Zubereitung
Pro Glas ca. 640 kcal, 9 g EW, 14 g F, 92 g KH

1 Pfirsich, Aprikosen und Mirabellen waschen und trocken reiben. Die Früchte halbieren und den Stein herauslösen, anschließend alle in grobe Stücke schneiden.

2 Die Marzipanrohmasse auf einer Rohkostreibe fein raspeln. Marzipanraspel mit den Fruchtstücken und der Milch in den Mixer geben und gründlich pürieren.

3 Die Eiswürfel crushen. Eis zugeben und alles nochmals auf höchster Stufe cremig aufmixen. Zuletzt 5 Mandelmakronen zugeben und nur kurz mitpürieren.

4 Den fertigen Smoothie in ein Glas gießen. Die übrige Mandelmakrone zerkrümeln und über den Drink streuen, dann servieren.

TIPP

Wen die kleinen Hautpartikelchen von Pfirsich und Co. im Smoothie stören, der kann die Früchte häuten (aber die meisten Vitamine sitzen unter der Schale!): Dazu die Haut an einer Stelle kreuzweise einritzen. Dann mit kochendem Wasser übergießen, bis sie bedeckt sind. 5 Min. im heißen Wasser ziehen lassen, rausnehmen und die Haut abziehen.

PAPACOCO CREAM

2 EL frisch gepresster Limettensaft | 2 EL Kokosflocken | 200 g Papaya | 100 g Erdbeeren | 2 reife Aprikosen | ½ Banane | 3 Eiswürfel | 1 EL Vanillejoghurt (ersatzweise Naturjoghurt) | ½ TL Vanillezucker

Kokosnussig

Für 1 Glas (350 ml) | 15 Min. Zubereitung
Pro Glas ca. 374 kcal, 3 g EW, 8 g F, 59 g KH

1 Für die Deko den Limettensaft in ein flaches Schälchen geben und den Rand des Glases damit benetzen. 1 EL Kokosflocken auf einen kleinen Teller geben und den Glasrand anschließend darin drehen, sodass die Kokosflocken daran haften bleiben.

2 Die Papaya schälen, halbieren, entkernen und in grobe Streifen schneiden. Erdbeeren waschen, Kelchblätter entfernen und je nach Größe halbieren. Aprikosen waschen, halbieren, Stein entfernen und die Fruchthälften zerschneiden. Banane schälen und in Stücke schneiden.

3 Die Eiswürfel crushen. Erst Joghurt, dann Obst, Vanillezucker und übrige Kokosflocken in den Mixer geben und pürieren, bis eine cremige Masse entstanden ist. Eis zugeben und weiter so lange mixen, bis der Smoothie schön cremig ist, dann vorsichtig in das Glas gießen und servieren.

TIPP

Limetten aber auch Zitronen und Orangen geben noch mehr Saft her, wenn man sie vor dem Auspressen einige Male mit etwas Druck auf einer festen Unterlage hin- und herrollt.

MELBA-SMOOTHIE

2 weiße Pfirsiche oder Nektarinen | 6 Himbeeren | 5 Erdbeeren | 3 Eiswürfel | 2 Kugeln Vanilleeis

Wie in der Eisdiele

Für 1 Glas (350 ml) | 15 Min. Zubereitung
Pro Glas ca. 165 kcal, 2 g EW, 4 g F, 28 g KH

1 Die Pfirsiche waschen, halbieren, Steine entfernen und die Hälften in Stücke schneiden – wer möchte, kann die Pfirsiche vorher häuten (siehe Tipp S. 29). Himbeeren und Erdbeeren waschen, Kelchblätter aus den Erdbeeren zupfen.

2 Die Eiswürfel crushen. Pfirsiche, Beeren und Vanilleeis in den Mixer geben und auf höchster Stufe cremig pürieren. Dann das Eis zugeben und nochmals kräftig mixen. In ein Glas gießen und mit Trinkhalm servieren.

TIPP

Frische Beeren haben leider nur kurz Saison. Daher kaufe ich möglichst vollreife Früchte, säubere sie (nicht waschen und wenn, dann gut abtropfen lassen bzw. vorsichtig trocken tupfen), lege sie auf einem Backblech aus und stelle sie so in den Tiefkühler. Sobald sie fast durchgefroren sind, kann man sie in Gefrierbeutel geben – so kleben sie nicht zusammen, man kann sie später einzeln entnehmen (ideal bei diesem Rezept!) und nur kurz angetaut beim nächsten Smoothie mitmixen (das spart dann sogar oft die Eiswürfel).

VARIANTE MIT ALKOHOL

Dieser Drink schmeckt auch hervorragend mit 5 cl Amaretto oder Apricot Brandy gemixt. Dann am besten noch ein Häubchen aus nicht ganz steif geschlagener Sahne daraufgeben.

BLUEBERRY SKY

Ein wahrer Sommertraum – ich serviere diesen Smoothie gerne statt Kaffee und Kuchen und zum Knabbern dazu gibt's immer noch Cantuccini.

200 g Heidelbeeren
1 weißer Pfirsich oder Nektarine
4 Eiswürfel
200 g Vanillejoghurt
1 EL gemahlener Mohn
1–2 Cantuccini (ital. Mandelkekse)

Beerenstark

Für 1 Glas (350 ml) | 15 Min. Zubereitung
Pro Glas ca. 435 kcal, 13 g EW, 17 g F, 53 g KH

1 Die Heidelbeeren waschen und abtropfen lassen. Pfirsich oder Nektarine waschen, kreuzweise einschneiden. In einem kleinen Topf mit kochend heißem Wasser übergießen und 5 Min. ziehen lassen. Danach lässt sich die Haut mit einem Messer leicht abziehen. Fruchtfleisch vom Stein schneiden.

2 Die Eiswürfel crushen. Heidelbeeren, Pfirsich oder Nektarine und Vanillejoghurt in den Mixer geben und auf höchster Stufe fein pürieren. Das Eis zugeben und nochmals kräftig durchmixen, zuletzt Mohn zugeben und nur kurz untermixen. In ein Glas gießen. Besonders fein schmecken dazu 1-2 Cantuccini.

TIPP

Aus Smoothies lassen sich wunderbare Desserts für Kinder zaubern. Einfach den Smoothie in ein Schälchen füllen, eine Kugel Vanilleeis hineingeben und mit einem Schirmchen dekorieren. Oder Smoothie in Eis-am-Stiel-Förmchen füllen und durchfrieren lassen. Besonders schön sind dabei zweifarbige Eislollis: Dafür eine Spitze aus reinem Fruchtsmoothie in die Förmchen gießen und frieren lassen, dann mit einem Frucht-Joghurt-Smoothie (oder einfach Fruchtsmoothie mit etwas Joghurt verrühren) aufgießen und nochmals vollständig durchfrieren lassen.

VARIANTE RED CLOUD

Da Heidelbeeren sehr gut zu bekommen sind (auch als TK-Ware), habe ich gleich noch einen Drink damit ausprobiert; ohne Joghurt, dafür mit Granatäpfeln, die zu meinen Lieblingsfrüchten zählen. Dafür einfach 1 Granatapfel entsaften (siehe S. 18) und mit dem Saft von 1 ½ Orangen, 1 kleinen Banane und je 125 g Heidel- und Himbeeren mit 4 zerkleinerten Eiswürfeln im Mixer kräftig durchmixen.

RHABARBAPAPA

Kennen Sie noch Barbapapa, der Gestalt und Farbe wechseln konnte? Hier wird aus grünem Rhabarberkompott ein quietschrosafarbener Barbadrink.

4 Eiswürfel
250 ml Rhabarberkompott (siehe Rezept unten; ersatzweise aus dem Glas)
4 große Erdbeeren
5 Himbeeren
2 EL Joghurt
1 EL Holunderblütensirup

Sauer schmeckt lustig

Für 1 Glas (350 ml) | 10 Min. Zubereitung
Pro Glas ca. 105 kcal, 2 g EW, 1 g F, 19 g KH

1 Eis crushen. Rhabarberkompott in den Mixer geben. Erdbeeren waschen, von 3 Erdbeeren die Kelchblätter entfernen, eine Erdbeere für die Deko beiseitelegen. Himbeeren waschen und beides mit Joghurt und Holunderblütensirup in den Mixer geben.

2 Alles auf höchster Stufe cremig pürieren. Das Eis zugeben und nochmals gründlich durchmixen. In ein Glas füllen. Die Erdbeere von der Spitze bis zur Mitte einschneiden und auf den Glasrand setzen. Mit einem Trinkhalm servieren.

VARIANTE RHABARBERKOMPOTT

Wenn es richtig heiß war, pflegte meine Tante Ella ein stark verdünntes Rhabarberkompott zu servieren. Ich finde, dass es, gut gekühlt, den perfekten Sommertrunk abgibt. Deshalb koche ich auch immer gleich etwas mehr und friere einen Teil ein. Für 1 l Kompott benötigt man ca. 1 kg Rhabarber. Diesen putzen, schälen und in ca. 2 cm große Stücke schneiden. Das Mark von 1/3 Vanilleschote mit 3 cm in Scheiben geschnittenem frischem Ingwer in einen großen Topf geben.
300 ml Wasser und 100 g Zucker (je nach Säure des Rhabarbers oder nach persönlichem Geschmack eventuell auch etwas mehr) zugeben und unter Rühren zum Kochen bringen. Bei mittlerer Hitze zugedeckt ca. 10 Min. köcheln lassen, bis der Rhabarber weich ist und zerfällt. Wer will, püriert das Ganze noch. Zum Trinken dann eventuell noch stilles oder kohlensäurehaltiges Wasser zugießen.
Als fruchtige Smoothie-Variante kann man im Frühjahr auch einfach 300 ml Rhabarberkompott und 100 g Erdbeeren mit 3–4 Eiswürfeln pürieren.

KIRSCH-SCHOKO-SMOOTHIE

150 g Sauerkirschen | ½ Banane | 20 g Zartbitterschokolade | 100 g Sahne | ½ TL Zucker | 1 TL Kirschwasser (nach Belieben) | 4 Eiswürfel | 3 EL Vollmilchjoghurt | 1 EL Vanilleeis | ½ TL Schokoraspel | 1 schöne Kirsche

Sommerfreude

Für 1 Glas (350 ml) | 15 Min. Zubereitung
Pro Glas ca. 605 kcal, 6 g EW, 44 g F, 44 g KH

1 Die Kirschen waschen, halbieren und entsteinen, die Banane schälen und in Stücke schneiden. Schokolade grob hacken.

2 Für die Deko die Sahne in ein hohes Rührgefäß geben und mit den Schneebesen des Handrührgeräts steif schlagen, dabei den Zucker nach und nach einrieseln lassen und nach Belieben am Ende das Kirschwasser unterschlagen.

3 Die Eiswürfel crushen. Kirschen, Banane, Schokolade, Joghurt und Vanilleeis in den Mixer geben und auf höchster Stufe fein pürieren. Eis zugeben und nochmals alles schön cremig mixen.

4 Smoothie in ein Glas gießen und die Sahne darauf verteilen. Mit Schokoraspeln bestreuen und die Kirsche obenauf setzen. Den fertigen Smoothie mit Trinkhalm servieren.

TIPP

Kirschen entsteinen ist ganz schön lästig … Dieser Drink funktioniert auch prima mit tiefgefrorenen, bereits entsteinten Kirschen aus dem Supermarkt. Man sollte sie allerdings leicht antauen lassen und zusätzlich 100 ml Milch zugeben. Dafür kann man sich die Eiswürfel sparen.

APRIKOSEN-SWIRL

4 Aprikosen | 1 Orange | 2 ½ EL Zucker | 1 Msp. Zimtpulver | 1 TL Butter | 1 Banane | 5 Eiswürfel | 100 ml eiskalte Buttermilch

Karamellig

Für 1 Glas (350 ml) |
15 Min. Zubereitung + 5 Min. Abkühlen
Pro Glas ca. 630 kcal, 6 g EW, 5 g F, 135 g KH

1 Die Aprikosen waschen, trocken reiben und halbieren. Die Steine entfernen und das Fruchtfleisch in grobe Stücke schneiden. Die Orange halbieren und auspressen. Den Zucker in einem kleinen beschichteten Pfännchen bei mittlerer Hitze goldbraun karamellisieren lassen.

2 Aprikosenstücke, Orangensaft und Zimt zugeben und bei mittlerer Hitze 2 – 3 Min. unter Rühren dünsten, bis die Aprikosen leicht zu zerfallen beginnen, dabei nach ca. 1 Min. Garzeit die Butter gründlich unterrühren. Vom Herd nehmen und 5 Min. abkühlen lassen.

3 Aprikosen in ein feines Sieb gießen und den Karamellsud auffangen. Banane schälen und in Stücke schneiden. Die Eiswürfel crushen. Banane, abgetropfte Aprikosen und die Buttermilch in den Mixer geben und auf höchster Stufe pürieren. Eis zugeben und nochmals kräftig mixen. Smoothie in ein Glas gießen.

4 Den aufgefangenen Aprikosen-Karamell-Sud spiralförmig in den Smoothie einlaufen lassen und mit einem Trinkhalm servieren.

TIPP

Außerhalb der kurzen Aprikosensaison, können auch getrocknete Softaprikosen verwendet werden. Diese zunächst mit heißem Wasser übergießen und 5 Min. einweichen lassen. Den Smoothie dann einfach wie im Rezept beschrieben zubereiten.

BANANEN-SAFRAN-LASSI

Nach dem Yoga kommt bei mir dieser Drink ins Glas: Er macht satt, glücklich und schmeckt nach ooommm ...

2 Msp. gemahlener Safran
1 Mandarine
1 ½ Bananen
1 TL Zucker
2 Msp. gemahlener Kardamom
100 g griechischer Joghurt (10 % Fett)
5 Eiswürfel

Indisch inspiriert

Für 1 Glas (350 ml) | 20 Min. Zubereitung
Pro Glas ca. 315 kcal, 6 g EW, 10 g F, 51 g KH

1 Safran in ein Gläschen geben, mit 2 EL kochend heißem Wasser verrühren und 15 Min. ziehen lassen. Währenddessen die Mandarine schälen, zerteilen und von allen Segmenten die weiße Haut so gut wie möglich entfernen. Anschließend in Stücke schneiden, dabei den Saft auffangen und eventuelle Kerne entfernen. Bananen schälen und in Stücke schneiden.

2 Die Eiswürfel crushen. Mit Mandarine samt Saft, Safranwasser, Bananen, Zucker, Kardamom und Joghurt in den Mixer geben. So lange mixen, bis eine cremige Flüssigkeit entstanden ist.

VARIANTE RAVIS MANGOLASSI

Lassis sind Drinks mit Joghurt oder Buttermilch aus Indien. Klassiker sind dort Safran-Joghurt-Lassi oder Mangolassi, das in der drückend heißen Vor-Monsun-Zeit angenehme Kühle bringt. Mein Freund Ravi aus Delhi bereitet Mangolassi folgendermaßen zu: 2 vollreife Mangos (600 g) schälen, das Fruchtfleisch vom Kern schneiden und grob zerkleinern. Mit 100 g Joghurt (am besten griechischer Joghurt mit 10 % Fett) und 3 Msp. gemahlenem Kardamom in den Mixer geben und fein pürieren. 10 gecrushte Eiswürfel zugeben und zu einem cremigen Smoothie mixen.

PAPAYA-KOKOS-SMOOTHIE

1 kleine Papaya (ca. 250 g) | ½ Banane | 1 Stängel Zitronengras | 3 Eiswürfel | 100 ml Kokosmilch (aus dem Tetrapak) | 80 ml eiskalter Maracujanektar | 1 TL gehackte Pistazien (nach Belieben)

Bacardifeeling ohne Alkohol

Für 1 Glas (350 ml) | 10 Min. Zubereitung
Pro Glas ca. 378 kcal, 6 g EW, 22 g F, 25 g KH

1 Die Papaya halbieren, mit einem Löffel entkernen, anschließend schälen und das Fruchtfleisch grob zerschneiden. Banane schälen und in Stücke schneiden. Vom Zitronengras den Strunk und den oberen Teil wegschneiden – es werden nur die unteren, weichen 10 cm benötigt. Erst längs vierteln, dann in kleine Stückchen hacken.

2 Die Eiswürfel crushen. Papaya mit Banane, Zitronengras, Kokosmilch und Maracujanektar in den Mixer geben und auf höchster Stufe cremig pürieren. Eis zugeben und nochmals kräftig durchmixen. In ein Glas gießen und nach Belieben mit Pistazien bestreut servieren.

ANANAS-KOKOS-SMOOTHIE

300 g reife Ananas | ½ Banane | ½ Limette | ½ Orange | 3 Eiswürfel | 100 ml gekühlte Kokosmilch (aus dem Tetrapak)

Karibikgeschmack

Für 1 Glas (350 ml) | 10 Min. Zubereitung
Pro Glas ca. 444 kcal, 6 g EW, 20 g F, 55 g KH

1 Die Ananas schälen und den harten Strunk mit einem scharfen Messer keilförmig herausschneiden. Die Augen großzügig entfernen und das Fruchtfleisch in Stücke schneiden. Die Banane schälen und in Stücke schneiden. Limette und Orange auspressen und den Saft auffangen.

2 Die Eiswürfel crushen. Ananas, Banane, Kokosmilch, Orangen- und Limettensaft in den Mixer geben und bei höchster Stufe gründlich pürieren. Das Eis zugeben und cremig mixen. In ein Glas gießen und sofort genießen.

VARIANTE MIT ALKOHOL

Mit 6 cl Cachaça wird aus dem Smoothie im Nu ein Batida-Cocktail.

KIBANA-SOJA-SMOOTHIE

100 g Sauerkirschen (ersatzweise 80 g leicht angetaute TK-Sauerkirschen) | 1 große Banane | 1 Stück Vanilleschote (ca. 1 cm) | 5 Eiswürfel | 150 ml möglichst kalte Sojamilch

Supercremeshake

Für 1 Glas (350 ml) | 15 Min. Zubereitung
Pro Glas ca. 265 kcal, 8 g EW, 4 g F, 49 g KH

1 Die Kirschen waschen, abtropfen lassen und entsteinen. Die Banane schälen und in Stücke schneiden. Vanilleschote mit einem scharfen, spitzen Messer der Länge nach aufschlitzen und das Mark mit dem Messerrücken herauskratzen.

2 Die Eiswürfel crushen. Kirschen, Banane, das Vanillemark und die Sojamilch in den Mixer geben und gründlich pürieren. Die Eiswürfel zufügen und alles nochmals kräftig durchmixen, so lange bis ein cremiger Smoothie entstanden ist.

3 Den fertigen Smoothie in ein Glas gießen, mit einem Trinkhalm versehen und sofort servieren und genießen.

MANDELMILCH-SMOOTHIE

120 g dunkle Süß- oder Sauerkirschen | 50 g Erdbeeren | 100 g Himbeeren | 1 Orange | 125 ml Mandelmilch (aus dem Bioladen) | 2–3 EL Agavensirup (nach Belieben)

Kinderliebling

Für 1 Glas (350 ml) |
10 Min. Zubereitung | 2 Std. Tiefkühlen
Pro Glas ca. 540 kcal, 3 g EW, 3 g F, 120 g KH

1 Kirschen waschen und entsteinen. Erdbeeren waschen und die Kelchblätter herauszupfen. Himbeeren vorsichtig waschen und verlesen. Alle Früchte abtropfen lassen, locker in einen Gefrierbeutel geben und in 2 Std. durchfrieren lassen.

2 Orange halbieren, auspressen und mit der Mandelmilch in den Mixer geben. Die gefrorenen Beeren und Kirschen zugeben und alles auf höchster Stufe fein pürieren. Mit Agavensirup je nach Wunsch süßen und nochmals durchmixen, bis der Smoothie eine homogene und cremige Konsistenz erhält. Den fertigen Smoothie in ein Glas gießen und sofort genießen.

BRATAPFEL-SMOOTHIE

Die Alternative zu Glühwein: Wer möchte, macht die doppelte Menge Bratäpfel – sie schmecken auch so, und am nächsten Tag gibt's Smoothie.

1 großer Apfel (z. B. Boskop)
1 ½ EL gemahlene Haselnüsse
1 TL Zitronensaft
¼ – ⅓ TL Zimtpulver
2 EL Honig
1 EL weiche Butter
5 Eiswürfel
2 EL Quark (20 % Fett)
50 ml eiskalte Milch
1 TL Rum (ersatzweise 1 – 2 Tropfen Rumaroma)
3 Spekulatiuskekse (nach Belieben)
1 EL Preiselbeeren (aus dem Glas)

Statt Glühwein

Für 2 Gläser (à 175 ml) | 10 Min. Zubereitung | 25 Min. Garen | 40 Min. Auskühlen
Pro Glas ca. 255 kcal, 5 g EW, 14 g F, 27 g KH

1 Den Backofen auf 200° vorheizen. Apfel waschen. Das Kerngehäuse mit einem Kernhausausstecher entfernen. Haselnüsse mit ½ TL Zitronensaft und ¼ TL Zimtpulver mischen, dann 1 EL Honig und ¾ EL Butter mit einer Gabel untermengen, bis eine homogene Nussmasse entstanden ist. Die Nussmasse in den Apfel füllen und festdrücken. Übrige Butter als Flöckchen obenauf legen. Apfel in eine kleine ofenfeste Form setzen und im heißen Ofen (Mitte) in 20 – 25 Min. garen, anschließend abkühlen lassen.

2 Die Eiswürfel crushen. Den abgekühlten Apfel in vier Teile schneiden, das Fruchtfleisch samt Füllung aus der Schale kratzen und in den Mixer geben. Quark, Milch, Rum oder Rumaroma, restlichen Honig, Zimt und Zitronensaft dazugeben und alles fein pürieren. Eis zugeben und alles nochmals kräftig mixen. Spekulatius grob zerbrechen, etwa 1 TL davon zurückbehalten, den Rest kurz mitpürieren. Smoothie in ein Glas füllen, beiseitegelegte Spekulatius darüberbröseln und Preiselbeeren daraufgeben.

VARIANTE ZIMTSTERNSMOOTHIE

Der Zimtsternsmoothie ist ein toller Wintersmoothie, der ganz ohne Frucht auskommt. Dafür mixe ich einfach 150 ml eiskalte Milch mit 3 Kugeln Walnusseis, 1 EL Haselnussmus (aus dem Bioladen) und 3 Msp. Zimtpulver im Mixer kräftig durch. Dann 4 Zimtsterne (möglichst trockene, gut sind hier auch die Reste von Weihnachten ...) zerbröckeln und bis auf einen kleinen Rest kurz untermixen. Beiseitegelegte Zimtsternstücke zerbröseln und über den fertigen Smoothie streuen.

FEIGEN-WALNUSS-SMOOTHIE

Das schmeckt für mich nach Urlaub und Süden – eigentlich viel zu schade zum Trinken, lieber genussvoll löffeln ...

3 große frische Feigen
1 Orange
1 Stück Vanilleschote (ca. 1 cm)
1 EL Zucker
3 EL Süßwein (z. B. Vin Santo; nach Belieben)
1 Stück Bio-Zitronenschale
3 Eiswürfel
2 EL griechischer Joghurt (10 % Fett)
80 ml Milch
1 Kugel Walnusseis

Für die Deko:
8 Walnusskerne
1 EL Zucker
½ TL Butter
5 EL Sahne

Fernweh-Drink

Für 2 Gläser (à 175 ml) | 15 Min. Zubereitung | 6 – 8 Std. Marinieren
Pro Glas ca. 355 kcal, 37 g EW, 25 g F, 25 g KH

1 Feigen waschen, Stiele wegschneiden, Früchte vierteln. Orange halbieren und auspressen. Das Mark der Vanilleschote auskratzen. Zucker in einem beschichteten Pfännchen goldbraun karamellisieren lassen. Feigen mit einer der Schnittfläche hineinlegen, kurz andünsten, dann nach Belieben mit Süßwein ablöschen. Orangensaft, Vanillemark und Zitronenschale zugeben und alles ca. 5 Min. bei kleiner Hitze ganz leicht köcheln lassen, dabei die Feigen wenden, so dass sie rundum garen und sich mit Saft vollsaugen. Vom Herd nehmen, alles in ein Schälchen geben und möglichst noch einige Stunden oder über Nacht ziehen lassen.

2 Für die Deko Walnusskerne in einem beschichteten Pfännchen ohne Fett rösten, bis sie duften, herausnehmen, abkühlen lassen und grob hacken. Dann im selben Pfännchen Zucker schmelzen und hellbraun karamellisieren lassen. Butter und Sahne zufügen, aufkochen lassen, dann die Walnüsse zugeben und zu einem dicken Karamell einköcheln lassen, vom Herd nehmen.

3 Die Eiswürfel crushen. Zitronenschale aus dem Feigensud nehmen, Sud samt Feigen in den Mixer geben. Joghurt, Milch und Eis zugeben. Alles auf höchster Stufe fein pürieren. Dann das gecrushte Eis zugeben und alles nochmals kräftig mixen. In ein Glas gießen und den Walnusskaramell darauf verteilen.

TIPP

Für ein kleines Dessert zusätzlich mit 2 – 3 EL Dessertwein mehr ablöschen und zum Servieren eine Kugel Walnusseis zum Karamell geben. Übrigens: Feigenzeit ist von Juli bis Oktober, dann sind sie erntereif und aromatisch.

SPICY ORANGE

3 Orangen (ca. 300 ml Saft) | 2 EL Zucker | 1 Sternanis | ½ Zimtstange | 3 grüne Kardamomkapseln | 1 reife Birne (z. B. Williams Christ) | ½ Banane | 50 g kernlose grüne Trauben | 4 Eiswürfel | 2 EL Quark (20 % Fett)

Mit würzigem Extra

Für 1 Glas (350 ml) |
20 Min. Zubereitung | 12 Std. Abkühlen
Pro Glas ca. 340 kcal, 6 g EW, 2 g F, 71 g KH

1 Orangen auspressen. Orangensaft, Zucker und Gewürze in einen kleinen Topf geben, dabei die Kardamomkapseln vorher mit einem Mörser oder harten Gegenstand anquetschen. Bei großer Hitze offen auf ca. ein Drittel sirupartig einkochen lassen, dabei gegen Ende häufiger rühren. Abkühlen lassen (eventuell auch über Nacht), anschließend durch ein feines Sieb gießen und den Orangensirup auffangen.

2 Birne waschen, vierteln, das Kerngehäuse entfernen und die Viertel in Stücke schneiden. Banane schälen und in Stücke schneiden. Trauben waschen und von den Stielen zupfen.

3 Die Eiswürfel crushen. Birne, Banane, Trauben und Quark in den Mixer geben und auf höchster Stufe cremig pürieren. Das Eis zugeben und nochmals kräftig durchmixen. Den Smoothie in ein Glas gießen und den Orangensirup spiralförmig einlaufen lassen. Mit einem Trinkhalm servieren.

TIPP

Wenn ich saftige Blutorangen zur Hand habe, mixe ich den Smoothie manchmal auch nur damit und freue mich über die knallige Farbe. Oder, besonders fein: ich verwende zur Hälfte normale Orangen und Blutorangen.

SMOOTHIE PROVENÇAL

150 ml Milch | ¾ TL getrocknete Lavendelblüten (siehe Tipp) | 1 EL Butter | 1 EL Mandelblättchen | 1 TL Puderzucker | 6 Aprikosen | 2 EL rote Johannisbeeren | 5 Eiswürfel | 1 EL (Lavendel-) Honig

Schmeckt nach Sommer

Für 1 Glas (350 ml) |
20 Min. Zubereitung | 3 Std. Abkühlen
Pro Glas ca. 725 kcal, 7 g EW, 19 g F, 127 g KH

1 Die Milch mit den Lavendelblüten in einen Topf geben und einmal aufkochen lassen. Zugedeckt bei kleiner Hitze 3 Min. köcheln lassen, dann zuerst abkühlen und danach 3 Std. im Kühlschrank durchziehen lassen. Anschließend die Milch durch ein feines Sieb gießen, auffangen und im Kühlschrank kühl stellen.

2 Die Butter in einem beschichteten Pfännchen schmelzen lassen. Die Mandeln zugeben, mit Puderzucker bestreuen und unter Rühren leicht bräunen lassen, auf Küchenpapier geben und abkühlen lassen.

3 Aprikosen waschen, entsteinen und in Stücke schneiden. Johannisbeeren waschen. Die Eiswürfel crushen. Aprikosen, Johannisbeeren, Lavendelmilch und Honig in den Mixer geben und cremig pürieren. Eis zugeben und nochmals kräftig mixen. In ein Glas füllen, mit den Mandelblättchen bestreuen und mit einem langen Löffel servieren.

TIPP

Getrocknete Lavendelblüten gibt es inzwischen in vielen Bioläden oder im Internetversand. Sie sollten ausdrücklich zum Verzehr geeignet sein, da es auch ungeeignete Sorten gibt, die z. B. für Kosmetik angeboten werden. Dasselbe gilt für Lavendel aus dem eigenen Garten. Wenn er essbar ist, kann man für diesen Drink auch frische Blüten nehmen.

DIE AUSGEFALLENEN

Ab und zu verirrt sich bei mir auch mal ein Stückchen Gemüse, ein exotisches Gewürz oder ein Küchenkraut in den Mixer ... Wie wär's mal mit etwas Stangensellerie, Anis, Nelke oder einem Schuss Limo im Smoothieglas? Experimentierlust ist gefragt. Aber keine Angst, es bleibt stets heiter bis fruchtig und auf jeden Fall lecker.

PEGGY PEANUT

Erdnussbuttersandwiches mit Gelee sind ein echter Klassiker an amerikanischen Frühstückstischen. Dieser Smoothie schmeckt auch wunderbar erdnussig, ist aber gesünder.

150 g Ananas
1 Banane
1 Orange
½ Limette
4 Eiswürfel
1 EL Erdnussmus
2 EL Joghurt
Für die Deko:
ca. 15 g Erdnussriegel (z.B. Mr.Tom; nach Belieben)

Cremiger Genuss

Für 1 Glas (350 ml) | 10 Min. Zubereitung
Pro Glas ca. 415 kcal, 11 g EW, 13 g F, 61 g KH

1 Die Ananas schälen und den harten Strunk herausschneiden. Die Augen großzügig entfernen. Das Fruchtfleisch in Stücke schneiden. Banane schälen und in Stücke schneiden. Die Orange und Limette in getrennte Behälter auspressen.

2 Die Eiswürfel crushen. Ananas, Banane, Orangensaft und 3 EL Limettensaft in den Mixer geben und fein pürieren. Erdnussmus und Joghurt zugeben und noch einmal durchmixen, bis alles schön cremig ist. Zuletzt das Eis zugeben und alles gut durchmixen, eventuell mit etwas Limettensaft abschmecken. Wer möchte, zerbröselt den Erdnussriegel grob im Mörser (oder gibt ihn in einen Gefrierbeutel und zerklopft ihn mit dem Nudelholz) und streut die Stückchen über den Smoothie.

VARIANTE SAMMY SESAM

Der beste Freund von Peggy Peanut ist Sammy Sesam: Dazu einfach den Saft von 2 Blutorangen, 1 TL Zitronensaft und 1 klein geschnittene Banane mit 1 EL Tahin (Sesammus aus dem Bioladen oder aus dem türkischen Lebensmittelgeschäft) und ⅓ TL Garam Masala (indische Gewürzmischung; aus dem gut sortierten Supermarkt oder Asialaden) in den Mixer geben und fein pürieren. Anschließend 5 gecrushte Eiswürfel zugeben und nochmals kräftig durchmixen.
Wer will, kann auch hier noch etwas »Knusper« aufstreuen: 1 Mini-Sesamkrokant-Riegel (ca. 25 g; aus dem Bioladen) zerbröckeln (siehe Rezept oben) und über den fertigen Drink streuen.

POPEYES LIEBLING

100 g Birne (z. B. Abate Fetel) | 100 g kernlose grüne Trauben | 25 g Babyspinat | ½ Avocado | 4 Eiswürfel | 2 EL frisch gepresster Limettensaft | 1 ½ TL Zucker (nach Belieben)

Grünes Kraftpaket

Für 1 Glas (350 ml) | 10 Min. Zubereitung
Pro Glas ca. 260 kcal, 2 g EW, 13 g F, 32 g KH

1 Die Birne waschen und trocken reiben. Längs halbieren und das Kerngehäuse entfernen. Das Fruchtfleisch grob würfeln. Trauben waschen, kurz abtropfen lassen und von den Stielen zupfen. Spinat waschen, verlesen und in ein Sieb geben. Die Avocado entkernen und das Fruchtfleisch mit einem Teelöffel aus der Schale lösen.

2 Die Eiswürfel crushen. Spinat, Birne, Avocado, Limettensaft und Trauben zusammen mit dem Zucker in den Mixer geben und alles zu einem feinen Brei pürieren.

3 Das Eis zugeben und alles so lange weitermixen, bis ein cremiger Smoothie entstanden ist. Den fertigen Smoothie in ein Glas füllen und sofort servieren und genießen.

TIPP

Wer es noch grüner (und gesünder) mag, püriert 2 EL gehackte Petersilie und 1 EL gehackte Minzeblättchen mit 2 EL Rapsöl, 1 EL Limettensaft und 1 TL Honig und träufelt diese Mischung über den Smoothie.

MISTER MINTZZ

100 g Salatgurke | 180 g Honigmelone | ½ grüner Apfel (z. B. Granny Smith) | 1 Orange | 1 Stück frischer Ingwer (ca. 1 cm) | 2 – 3 Minzeblättchen (siehe Tipp) | 3 Eiswürfel

Scharfer Ingwerbizzzel

Für 1 Glas (400 ml) | 10 Min. Zubereitung
Pro Glas ca. 195 kcal, 4 g EW, 1 g F, 41 g KH

1 Die Gurke schälen und in Stücke schneiden. Die Melone mit einem Löffel entkernen, das Fruchtfleisch von der Schale schneiden und würfeln. Den Apfel waschen, vierteln und das Kerngehäuse entfernen. Die Apfelviertel in Stücke schneiden. Orange halbieren und den Saft auspressen. Ingwer schälen und klein würfeln. Minze waschen, trocken schütteln, die Blättchen in Streifen schneiden.

2 Die Eiswürfel crushen. Gurke, Melone, Apfel und Orangensaft mit Ingwer und Minze in den Mixer geben und auf höchster Stufe pürieren. Eis zugeben und so lange weitermixen, bis ein cremiger Smoothie entstanden ist.

3 Den fertigen Smoothie in ein Glas gießen und servieren. Wer möchte, kann bei hochsommerlichen Temperaturen noch zusätzlich Eiswürfel ins Glas geben.

TIPP

Minze erhält man inzwischen in vielen Varianten. Je nach Sorte fällt das Aroma mehr oder weniger intensiv aus. Bei reiner Pfefferminze (manchmal auch »englische Minze« genannt) ist die minzige, frische Note besonders ausgeprägt. Milder ist dagegen asiatische oder marokkanische Minze.

PAPA TOMTOM

350 g Papaya | 1 große Tomate | 1 Orange | 1 Stängel Zitronengras | 1 Stück Vanilleschote (ca. 2 cm) | 1 kleine (nicht zu scharfe) rote Chilischote | 5 Eiswürfel | 1–2 Spritzer frisch gepresster Limettensaft | 1 TL brauner Zucker | ½ TL Sesamsamen (nach Belieben)

Echt scharf …

Für 1 Glas (350 ml) | 10 Min. Zubereitung
Pro Glas ca. 215 kcal, 4 g EW, 2 g F, 24 g KH

1 Die Papaya mit einem Löffel entkernen, schälen und in Stücke schneiden. Tomate waschen und in Spalten schneiden, dabei den Stielansatz entfernen. Orange halbieren und auspressen.

2 Vom Zitronengras den oberen Teil und unten den Strunk wegschneiden – es werden nur die unteren ca. 10 cm benötigt. Äußere Blätter entfernen und das Innere möglichst fein hacken. Vanilleschote aufschlitzen, das Mark herauskratzen. Chilischote halbieren, entkernen und in winzig feine Würfel schneiden.

3 Die Eiswürfel crushen. Erst Orangensaft, Limettensaft und Zucker, dann Papaya, Tomate, Zitronengras, Vanillemark und Chilischote in den Mixer füllen. Alles auf höchster Stufe so fein wie möglich pürieren. Das Eis zugeben und nochmals kräftig mixen. In ein Glas füllen und nach Belieben mit Sesamsamen bestreuen.

TIPP

Auch toll: nur etwa die Hälfte der Papaya nehmen und dafür 3 reife Aprikosen oder 2 gelbe Pflaumen (oder noch besser 3 sehr reife Reineclauden) mitpürieren.

YELLOW SUBMARINE

200 g Ananas | 150 g Mango | 1 gelbe Kiwi (Golden Kiwi; siehe Tipp) | 2 Stangen Staudensellerie | 5 Eiswürfel | 150 ml Apfelsaft

Überraschend anders

Für 1 Glas (350 ml) | 10 Min. Zubereitung
Pro Glas ca. 300 kcal, 3 g EW, 2 g F, 66 g KH

1 Die Ananas schälen, den harten Strunk keilförmig herausschneiden und die Augen großzügig entfernen. Das Fruchtfleisch in Stücke schneiden. Mango schälen und in Stücke schneiden, Kiwi schälen und grob zerkleinern.

2 Staudensellerie waschen, putzen (dabei eventuell den oberen Blattteil für die Deko beiseitelegen), die Stangen bei Bedarf »entfädeln«, d.h. dicke Längsfasern von unten nach oben mit einem Messer abziehen, die Stangen anschließend in kleine Stücke schneiden.

3 Die Eiswürfel crushen. Kiwi, Mango, Ananas und Sellerie mit Apfelsaft in den Mixer geben und alles auf höchster Stufe gründlich pürieren. Dann das Eis zugeben und nochmals kräftig durchmixen. Den fertigen Smoothie in ein Glas füllen, nach Wunsch mit Selleriegrün garnieren und sofort servieren und genießen.

TIPP

Die gelben Schwestern der grünen Kiwis kann man am besten daran erkennen, dass sie »haarlos« sind und eine glatte Schale haben; sie schmecken milder und süßer als grüne und erinnern an Mango oder Melone.

HERBSTSTURM

1 kleine Birne (z. B. Forelle) | ½ reifer Apfel | 80 g Brombeeren | 4 Eiswürfel | 2 Msp. gemahlener Anis | 100 ml eiskalter Apfelsaft

Herbstsmoothie

Für 1 Glas (350 ml) | 10 Min. Zubereitung
Pro Glas ca. 135 kcal, 1 g EW, 1 g F, 28 g KH

1 Birne und Apfel waschen, vierteln bzw. halbieren, das Kerngehäuse herausschneiden und Apfel- und Birnenviertel in Stücke schneiden. Brombeeren waschen und abtropfen lassen.

2 Die Eiswürfel crushen. Apfel, Birne und Brombeeren mit Anis und Apfelsaft in den Mixer geben und auf höchster Stufe gründlich pürieren. Eis zugeben und nochmals kräftig durchmixen. Smoothie in ein Glas gießen und mit Trinkhalm servieren.

VARIANTE MIT GINGER ALE

Wer es prickelnd mag, ersetzt den Apfelsaft durch 125 ml Ginger Ale. Die Hälfte Ginger Ale anstelle des Saftes mitpürieren und den fertigen Smoothie mit dem Rest aufgießen.

BITTER-MELON

350 g Wassermelone (geputzt ca. 200 g) | 180 g Erdbeeren | ½ Orange | 4 Eiswürfel | 2 EL frisch gepressten Limettensaft | 1 EL Zucker (nach Belieben) | 100 ml alkoholfreier Bitteraperitif (z. B. Crodino)

Sommer auf dem Balkon

Für 1 Glas (350 ml) | 10 Min. Zubereitung
Pro Glas ca. 245 kcal, 3 g EW, 2 g F, 47 g KH

1 Melonenfruchtfleisch von der Schale schneiden und grob zerkleinern, dabei die Kerne entfernen. Erdbeeren waschen und die Kelchblätter abzupfen. Orange auspressen.

2 Die Eiswürfel crushen. Melone, Erdbeeren, Orangen- und Limettensaft in den Mixer geben und pürieren. Nach Belieben mit Zucker süßen, Eis zugeben und nochmals durchmixen. In ein Glas gießen und mit Bitteraperitif aufgießen.

VARIANTE MIT ALKOHOL

Anstelle des Bitteraperitifs 6 cl Aperol oder Campari mitmixen.

MISS SAIGON

350 g Wassermelone (geputzt ca. 200 g) | 200 g Charentais-Melone | 1 Stück frischer Ingwer (ca. 2 cm) | 4 EL frisch gepresster Limettensaft | 2 EL brauner Zucker | 1 Stängel Minze (Sorte siehe Tipp S. 53) | 6 Eiswürfel

Erfrischender Sommercocktail

Für 1 Glas (350 ml) | 10 Min. Zubereitung
Pro Glas ca. 215 kcal, 2 g EW, 1 g F, 47 g KH

1 Wassermelone von der Schale und in Stücke schneiden, dabei die Kerne so gut wie möglich entfernen. Mit einem Löffel die Kerne aus der Charentais-Melone schaben und das Fruchtfleisch von der Schale schneiden. Ingwer schälen und fein würfeln. Limettensaft und Zucker in einem Schälchen verrühren, bis sich der Zucker aufgelöst hat. Minze waschen, trocken schütteln, Blättchen abzupfen und in Streifen schneiden.

2 Die Eiswürfel crushen. Melone, Ingwer, Minze und Zucker-Limettensaft-Mischung in den Mixer geben und gründlich pürieren. Eis zugeben, nochmals durchmixen und in ein Trinkglas füllen.

LUCKY LITSCHI

10 Litschis | 1 Orange | 1 Banane | 1 kleiner Apfel | 5 Eiswürfel | 80 ml gekühlter Kirschnektar | 1 Kugel Zitronensorbet

Exotisch

Für 1 Glas (350 ml) | 10 Min. Zubereitung
Pro Glas ca. 320 kcal, 4 g EW, 1 g F, 71 g KH

1 Schale von den Litschis entfernen, Früchte halbieren und die Kerne entfernen. Banane schälen und in Stücke schneiden. Orange halbieren und auspressen. Apfel vierteln, Kerngehäuse entfernen und die Viertel in Stücke schneiden.

2 Die Eiswürfel crushen. Litschis, Banane, Apfel, Kirschnektar und Orangensaft in den Mixer geben und alles auf höchster Stufe fein pürieren. Eis zugeben und nochmals kräftig durchmixen. Den Smoothie in ein Glas geben und zuletzt das Zitronensorbet obenauf setzen.

TIPP

Anstelle des Sorbets schmeckt mir dieser Smoothie auch mit 100 ml Litschi-Limonade.

KUMKOKO DREAM

200 ml Kokoswasser (siehe Info) | 280 g Ananas | 150 g Mango | 5 Bio-Kumquats | 1 EL frisch gepresster Limettensaft | 1 EL Kokosflocken | 2 TL brauner Zucker

Sportlerfitdrink

Für 1 Glas (350 ml) |
10 Min. Zubereitung | 4 Std. Tiefkühlen
Pro Glas ca. 455 kcal, 4 g EW, 7 g F, 96 g KH

1 Vom Kokoswasser 150 ml abmessen, in eine Eiswürfelgefrierbox oder einen Eiswürfelgefrierbeutel füllen und im Gefrierfach durchfrieren lassen, den Rest in den Kühlschrank stellen.

2 Die Ananas schälen und den harten Strunk herausschneiden. Die Augen großzügig entfernen. Das Fruchtfleisch in Stücke schneiden. Mango schälen und in Stücke schneiden. Kumquats heiß waschen, abtrocknen, längs vierteln und die Kerne herausdrücken. Die Früchte samt Schale so klein wie möglich zerschneiden, dabei Saft auffangen.

3 Für die Deko den Rand eines Glases mit Limettensaft benetzen und in den Kokosflocken wenden (den übrigen Limettensaft aufbewahren). Die gefrorenen Kokoswasserwürfel crushen. Kumquats samt Saft, übrigem Limettensaft, Mango und Ananas in den Mixer geben. Zucker und 50 ml kaltes Kokoswasser zugeben. Alles auf höchster Stufe so fein wie möglich pürieren. Gecrushte Kokoseiswürfel zugeben und nochmals pürieren, ins Glas gießen und mit Trinkhalm servieren.

INFO

Bei Kokoswasser handelt es sich um den klaren Saft unreifer Kokosnüsse. Im Gegensatz zur cremigen weißen Kokosmilch (die aus Kokosfruchtfleisch gewonnen wird) ist es kalorienarm und ein echter Fitmacher: viel Kalium, Magnesium und Natrium – genau das Richtige für Sportler. Man bekommt Kokoswasser im Tetrapak in Bioläden, Drogerie- und Supermärkten.

ROTKÄPPCHEN

je 50 g rote Johannisbeeren, Himbeeren und Heidelbeeren (ersatzweise 150 g TK-Beerenmischung) | 1 junge Rote Bete (ca. 80 g; siehe Tipp) | 2 Orangen | 1 EL Honig

Beerig und herb

Für 1 Glas (350 ml) |
10 Min. Zubereitung | 3 Std. Tiefkühlen
Pro Glas ca. 285 kcal, 5 g EW, 1 g F, 59 g KH

1 Die Beeren verlesen, vorsichtig waschen und in einem Sieb abtropfen lassen. Johannisbeeren behutsam mit einer Gabel von den Rispen streifen. Beeren in einen Tiefkühlbeutel geben, flach darin auslegen und im Gefrierfachfach in 3 Std. durchfrieren lassen.

2 Rote Bete gründlich waschen und dünn mit dem Sparschäler abschälen, anschließend in Würfel schneiden. (Dabei unbedingt Gummihandschuhe tragen, Rote Beten färben stark ab und hinterlassen unschöne Flecken!). Die Orangen halbieren und auspressen.

3 Rote Bete und Orangensaft in den Mixer geben und auf höchster Stufe mixen, bis die Rote Bete püriert ist. Anschließend Honig und die gefrorenen Beeren dazugeben und so lange mixen, bis eine homogene Flüssigkeit entstanden ist. Den Smoothie in ein Glas gießen und servieren.

TIPP

Die meisten kennen Rote Beten als typisches Winter(-lager)-Gemüse. Frische, junge Rote Beten gibt es aber bereits im Juni, wenn auch Beeren Saison haben. Diese Knollen sind dann noch zart, weniger »erdig« und schmecken fein-süßlich. Mit ihren Vitaminen und Mineralstoffen sind junge Rote Beten ideal für leckere und gesunde Smoothies.

REGISTER

Damit Sie Rezepte mit bestimmten Zutaten noch schneller finden, sind in diesem Register auch beliebte Zutaten wie **Ananas** oder **Mango** alphabetisch eingeordnet und hervorgehoben. Darunter finden Sie die Rezepte Ihrer Wahl. Vegane Rezepte, die im Buch mit einem 🍃 gekennzeichnet sind, sind hier grün abgesetzt.

Projektleitung: Monika Greiner, Dorothea Bernhard
Lektorat: Margarethe Brunner
Korrektorat: Waltraud Schmidt
Innen- und Umschlaggestaltung: independent Medien-Design, Horst Moser, München
Herstellung: Renate Hutt
Satz: Kösel, Krugzell
Reproduktion: Repro Ludwig, Zell am See
Druck und Bindung: Schreckhase, Spangenberg
Syndication: www.jalag-syndication.de

6. Auflage 2015
ISBN 978-3-8338-3771-5
www.facebook.com/gu.verlag

Ein Unternehmen der
GANSKE VERLAGSGRUPPE

Die Autorin

Tanja Dusy arbeitet seit 2001 als Kochbuchredakteurin und Autorin bei GRÄFE UND UNZER. Ihr Spezialgebiet ist die moderne Alltagsküche, eines ihrer Lieblingsthemen das Mixen von Getränken. Für diesen KüchenRatgeber hat sie tief in die Obst- und Gemüsekiste gegriffen und ließ beste Zutaten im Mixer zu buntfruchtigen Jeden-Tag-Smoothies zusammenfinden.

Der Fotograf

Jörn Rynio zählt zu seinen Auftraggebern internationale Zeitschriften, namhafte Buchverlage und Werbeagenturen. Mit einer großen Portion Kreativität und appetitanregendem Styling setzt der Hamburger Fotograf Food-Spezialitäten aus aller Welt stimmungsvoll in Szene. Tatkräftig unterstützt wird er dabei von Michaela Suchy (Styling) und Rainer Meidinger (Foodstyling).

Bildnachweis

Titelfoto: Wolfgang Schardt; Autorenfoto: Monika Schürle, Berlin; alle anderen Fotos: Jörn Rynio

Titelrezepte

Tropical Smoothie (S. 16), Popeyes Liebling (S. 52) und Beerenwölkchen (S. 28)

QUALITÄTS G|U GARANTIE

Liebe Leserin, lieber Leser,

haben wir Ihre Erwartungen erfüllt? Sind Sie mit diesem Buch zufrieden? Haben Sie weitere Fragen zu diesem Thema? Wir freuen uns auf Ihre Rückmeldung, auf Lob, Kritik und Anregungen, damit wir für Sie immer besser werden können.

GRÄFE UND UNZER Verlag
Leserservice
Postfach 86 03 13
81630 München
E-Mail:
leserservice@graefe-und-unzer.de

Telefon: 00800 / 72 37 33 33*
Telefax: 00800 / 50 12 05 44*
Mo–Do: 8.00–18.00 Uhr
Fr: 8.00–16.00 Uhr
(gebührenfrei in D, A, CH)*

Ihr GRÄFE UND UNZER Verlag
Der erste Ratgeberverlag – seit 1722.

Danke!
Ein besonderes Dankeschön geht an die Fa. Vita-Mix Corporation, USA, für die Bereitstellung des VITAMIX TNC 5200 in diesem Buch. www.vitamix.com

Umwelthinweis:
Dieses Buch ist auf PEFC-zertifiziertem Papier aus nachhaltiger Waldwirtschaft gedruckt.